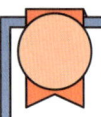 

한국을 빛낸 100명의 위인들 노랫말

1절
아름다운 이 땅에 금수강산에
단군 할아버지가 터 잡으시고
홍익인간 뜻으로 나라 세우니
대대손손 훌륭한 인물도 많아
고구려 세운 동명왕 백제 온조왕
알에서 나온 혁거세
만주 벌판 달려라 광개토 대왕
신라 장군 이사부
백결 선생 떡방아 삼천 궁녀 의자왕
황산벌의 계백 맞서 싸운 관창
역사는 흐른다.

3절
황금을 보기를 돌같이 하라
최영 장군의 말씀 받들자
황희 정승 맹사성 과학 장영실
신숙주와 한명회 역사는 안다.
십만양병 이율곡 주리 이퇴계
신사임당 오죽헌
잘 싸운다 곽재우 조헌 김시민
나라 구한 이순신
태정태세문단세 사육신과 생육신
몸 바쳐서 논개 행주치마 권율
역사는 흐른다.

5절
별 헤는 밤 윤동주 종두 지석영
삼십삼인 손병희
만세 만세 유관순 도산 안창호
어린이날 방정환
이수일과 심순애
장군의 아들 김두한
날자꾸나 이상 황소 그림 중섭
역사는 흐른다.

2절
말 목 자른 김유신 통일 문무왕
원효 대사 해골 물 혜초 천축국
바다의 왕자 장보고 발해 대조영
귀주 대첩 강감찬 서희 거란족
무단 정치 정중부 화포 최무선
죽림칠현 김부식
지눌 국사 조계종 의천 천태종
대마도 정벌 이종무
일편단심 정몽주 목화씨는 문익점
해동공자 최충 삼국유사 일연
역사는 흐른다.

4절
번쩍번쩍 홍길동 의적 임꺽정
대쪽 같은 삼학사 어사 박문수
삼 년 공부 한석봉 단원풍속도
방랑 시인 김삿갓 지도 김정호
영조 대왕 신문고 정조 규장각
목민심서 정약용
녹두 장군 전봉준 순교 김대건
서화가무 황진이
못 살겠다 홍경래 삼일천하 김옥균
안중근은 애국 이완용은 매국
역사는 흐른다.

대림아이
첫술에 배부른 역사 시리즈 03

만화로 보는

한국을 빛낸 100명의 위인들

문연정 글 | 이창우 그림

대한 독립 만세!

대림아이

차례

1절

1. 우리나라 최초의 나라를 세운 **단군왕검** … 12
2. 고구려를 세운 **동명왕** … 14
3. 백제를 세운 **온조왕** … 16
4. 신라를 세운 **혁거세** … 18
5. 고구려의 영토를 넓힌 **광개토 대왕** … 20
6. 신라의 영토를 넓힌 **이사부** … 22
7. 떡방아 소리를 흉내 낸 **백결 선생** … 24
8. 백제의 마지막 왕 **의자왕** … 26
9. 황산벌에서 싸운 **계백** … 28
10. 용감하게 맞서 싸운 **관창** … 29

21~27. 자연을 벗 삼아 사는 **죽림칠현** … 52
28. <삼국사기>를 쓴 **김부식** … 54
29. 불교를 개혁한 **지눌** … 56
30. 불교를 하나로 모은 **의천** … 57
31. 대마도를 정벌한 **이종무** … 58
32. 고려에 충성을 바친 **정몽주** … 60
33. 목화씨를 가져온 **문익점** … 62
34. 학문에 뛰어난 **최충** … 64
35. <삼국유사>를 쓴 **일연** … 66

2절

11. 삼국 통일을 이끈 **김유신** … 32
12. 삼국 통일을 완성한 **문무왕** … 34
13. 백성들에게 불교를 전해 준 **원효** … 36
14. 인도를 여행한 **혜초** … 38
15. 해적을 무찌른 **장보고** … 40
16. 발해를 세운 **대조영** … 42
17. 귀주 대첩을 승리로 이끈 **강감찬** … 44
18. 담판으로 거란을 물리친 **서희** … 46
19. 무신 정변을 일으킨 **정중부** … 48
20. 우리나라 최초로 화약을 발명한 **최무선** … 50

3절

36. 고려를 지키려고 한 **최영** … 70
37. 높은 벼슬을 지낸 **황희** … 72
38. 청백리의 상징 **맹사성** … 73
39. 조선 최고의 발명왕 **장영실** … 74
40. 세조를 도운 **신숙주** … 76
41. 세조를 왕으로 만든 **한명회** … 77
42. 군사들을 기르자고 한 **이이** … 78
43. 조선의 뛰어난 성리학자 **이황** … 80
44. 풀과 곤충을 잘 그린 **신사임당** … 82
45. 가장 먼저 의병을 일으킨 **곽재우** … 84
46. 나라를 위해 목숨을 바친 **조헌** … 85

47 진주 대첩을 승리로 이끈 김시민 … 86
48 조선을 구한 영웅 이순신 … 88
49~55 조선을 다스린 태정태세문단세 … 90
56~61 단종을 위해 죽음을 무릅쓴 사육신 … 92
62~67 단종에 대한 의리를 지킨 생육신 … 93
68 의로운 죽음을 선택한 논개 … 94
69 행주 대첩을 승리로 이끈 권율 … 96

85 시와 노래에 뛰어났던 황진이 … 126
86 차별 없는 세상을 꿈꾼 홍경래 … 128
87 갑신정변을 일으킨 김옥균 … 130
88 나라를 위해 목숨을 바친 안중근 … 132
89 나라를 팔아먹은 이완용 … 133

4절

70 동에 번쩍 서에 번쩍 홍길동 … 100
71 의적으로 불린 임꺽정 … 102
72~74 청나라에 항복을 반대한 삼학사 … 104
75 백성들을 살핀 박문수 … 106
76 글씨를 잘 쓴 한석봉 … 108
77 풍속화를 그린 김홍도 … 110
78 전국을 떠돌아다닌 김삿갓 … 112
79 <대동여지도>를 만든 김정호 … 114
80 백성들을 사랑한 영조 … 116
81 규장각을 만든 정조 … 118
82 실학을 연구한 정약용 … 120
83 동학 농민 운동을 이끈 전봉준 … 122
84 우리나라 최초의 신부 김대건 … 124

5절

90 <별 헤는 밤>을 쓴 윤동주 … 136
91 우리나라 최초로 종두법을 실시한 지석영 … 138
92 민족 대표 33인 중 한 사람 손병희 … 140
93 만세 운동을 이끈 유관순 … 142
94 민족을 위해 평생을 바친 안창호 … 144
95 어린이날을 만든 방정환 … 146
96~97 서로 사랑한 이수일과 심순애 … 148
98 장군의 아들로 불린 김두한 … 150
99 시대를 앞선 천재 작가 이상 … 152
100 황소 그림을 그린 이중섭 … 154

1절에 나온 위인들

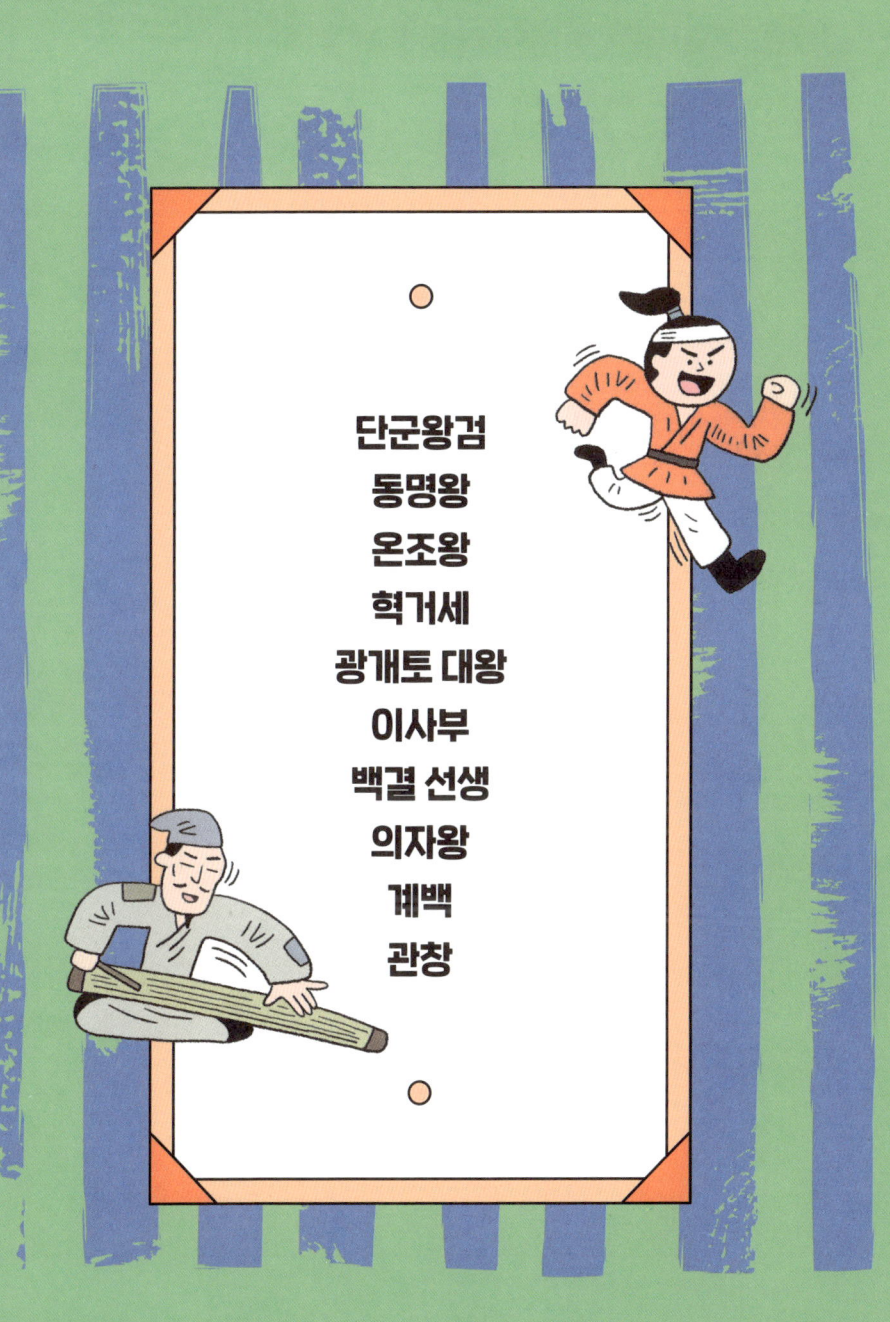

1. 우리나라 최초의 나라를 세운 단군왕검

시대	고조선
출생-사망	?~?
직업	왕, 제사장

기원전 2333년 단군왕검은 우리나라 최초의 나라 고조선을 세웠어요.
고조선의 건국 이념은 홍익인간으로 '널리 인간을 이롭게 한다.'는 뜻이에요.
고조선은 우수한 청동기 문화를 바탕으로 힘을 키워 나갔답니다.

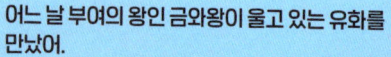
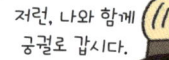

주몽은 '활을 잘 쏘는 사람'이라는 뜻이에요.
부여를 떠난 주몽은 졸본 지역에 도착해 고구려를 세우고 동명왕이 되었어요.
고구려는 이웃 나라들을 정복하며 점점 강한 힘을 갖게 되었어요.

백제를 세운
온조왕

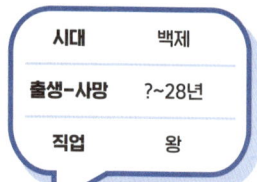

시대	백제
출생-사망	?~28년
직업	왕

온조는 위례성에 도읍을 정하고 나라를 다스렸어요.

한강 주변에서는 땅이 기름져 곡식이 잘 자랐어요.

백제는 한강과 바다로 이어지는 뱃길을 통해 중국과 교류하며, 점점 부강한 나라가 되었어요.

4 신라를 세운
혁거세

시대	신라
출생-사망	기원전 69년~4년
직업	왕

기원전 57년 혁거세는 여섯 마을을 대표하는 왕이 되었어요.
이때는 '신라'라는 나라 이름을 쓰지 않고 '서라벌'이라고 했어요.
혁거세는 창고가 가득 찰 정도로 나라를 잘 다스려서 백성들의 존경을 받았어요.

5 고구려의 영토를 넓힌
광개토 대왕

시대	고구려
출생-사망	374년~412년
직업	왕

광개토 대왕은 활발한 정복 전쟁으로 고구려를 강한 나라로 만들었어요.
광개토 대왕의 아들인 장수왕은 아버지의 업적을 기리기 위해 광개토 대왕릉비를 세웠어요.
그리고 아버지의 뒤를 이어 고구려 땅을 더 넓혔답니다.

6. 신라의 영토를 넓힌 이사부

시대	신라
출생-사망	?~?
직업	장군

삼국 시대에는 지금의 울릉도와 독도를 다스렸던 '우산국'이라는 나라가 있었어요.
이사부는 우산국을 정벌해 울릉도와 독도를 우리나라 땅으로 만들었어요.
이후 법흥왕과 진흥왕 때도 정벌에 나서며 신라의 영토를 크게 넓혔답니다.

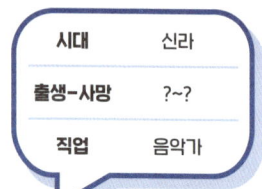

7. 떡방아 소리를 흉내 낸 백결 선생

시대	신라
출생–사망	?~?
직업	음악가

백결 선생은 가난했지만 거문고를 연주하며 위안을 받았어요.
아내의 걱정을 들은 백결 선생은 거문고로 떡방아 찧는 소리를 흉내 냈어요.
사람들은 이것을 떡방아 찧는 노래라고 해서 '방아 타령'이라고 불렀어요.

8 백제의 마지막 왕
의자왕

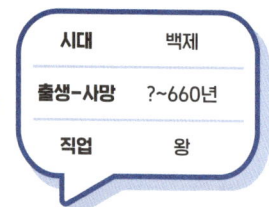

시대	백제
출생-사망	?~660년
직업	왕

의자왕은 처음에 나라를 잘 다스렸어. 힘든 백성들을 위로하고 감옥에 갇힌 죄수를 풀어 주었어.

"힘든 일은 없느냐?"
"정말 감동이에요."

또 신라를 공격해 백제의 영토를 넓히기도 했어.

"신라의 성을 공격하라!"

하지만 시간이 흐르면서 의자왕은 술에 빠져 나라를 돌보지 않았어.

"으, 취한다!"
해동 해동

그 사이 신라와 당나라는 힘을 합쳐 백제를 무너뜨리기로 했어.

"서로 힘을 합칩시다!"
"좋습니다!"

의자왕은 부모님께 효도하고 형제 사이에 우애가 깊어 칭찬이 자자했어요.
처음에는 나라를 잘 다스려 백제의 뛰어난 왕 중 한 명으로 꼽혔지요.
하지만 신라와 당나라의 연합군의 공격을 받아 백제의 마지막 왕이 되었어요.

10 용감하게 맞서 싸운 관창

시대	신라
출생-사망	645년~660년
직업	화랑

2절에 나온 위인들

김유신	죽림칠현
문무왕	김부식
원효	지눌
혜초	의천
장보고	이종무
대조영	정몽주
강감찬	문익점
서희	최충
정중부	일연
최무선	

11 삼국 통일을 이끈 김유신

시대	신라
출생-사망	595년~673년
직업	장군

김유신은 젊은 시절 한 여인과 사랑에 빠졌어. 그래서 매일같이 여인의 집에 갔지.

하하 호호

김유신의 어머니는 여인의 집에 들락거리는 아들을 꾸짖었어. 김유신은 뉘우치며 다시는 그 집에 가지 않기로 결심했어.

수련은 게을리하고 여인의 집만 들락거리면 어쩌냐?

다시는 그러지 않겠습니다.

부끄 부끄

어느 날 말을 타고 가던 김유신이 깜빡 잠이 들었어. 그러자 말은 평소 자주 갔던 여인의 집으로 갔어.

앗! 여기는?

네가 날 여기로 데려왔구나!

잠에서 깬 김유신은 칼로 아끼던 말의 목을 베었어.

다시는 그 여인을 찾지 않을 것이다!

히이잉!

김유신은 김춘추와 함께 삼국 통일을 이끈 영웅이에요.

김유신은 김춘추가 세상을 떠난 뒤, 그의 아들인 문무왕을 도와 통일을 이루었어요.

문무왕은 삼국 통일에 큰 역할을 한 김유신에게 특별한 관직을 내렸어요.

12 삼국 통일을 완성한
문무왕

시대	신라
출생-사망	626년~681년
직업	왕

나라만 생각했던 문무왕은 죽어서도 용이 되어 나라를 지키겠다고 했어요.
문무왕의 아들인 신문왕은 아버지의 뜻을 받들어 동해에 장사를 지냈어요.
그리고 가까운 곳에 아버지의 은혜에 감사한다는 뜻으로 '감은사'라는 절을 지었어요.

13. 백성들에게 불교를 전해 준 원효

시대	신라
출생-사망	617년~686년
직업	승려

당시 신라의 불교는 너무 어려워서 귀족들만 믿고 있었어요.
원효는 백성들에게 불교를 널리 전하기 위해 불교의 가르침을 노래로 만들어 불렀어요.
그리고 '나무아미타불'만 외우면 누구나 극락에 갈 수 있다고 가르쳤어요.

14 인도를 여행한 혜초

시대	신라
출생-사망	704년~787년
직업	승려

〈왕오천축국전〉은 다섯 개의 천축국에 갔던 이야기라는 뜻이에요.

이 책에는 인도와 주변 나라의 종교, 풍속, 문화에 대한 여러 가지 정보가 담겨 있어요.

하지만 안타깝게도 〈왕오천축국전〉은 프랑스 국립 도서관에 보관되어 있어요.

15 해적을 무찌른 장보고

시대	신라
출생-사망	?~846년
직업	장군

장보고는 신라로 돌아와 청해진을 세우고 해적을 무찔렀어요.
장보고 덕분에 신라와 여러 나라는 안전하게 무역을 할 수 있었어요.
사람들은 바다를 지키고 활발하게 무역을 한 장보고를 '해상왕'이라고 불렀어요.

16 발해를 세운 대조영

시대	발해
출생-사망	?~719년
직업	왕

대조영은 새 나라를 세우고 나라 이름을 '진'이라고 했어요.
그 뒤 나라 이름을 '발해'로 바꾸고 고구려의 옛 땅을 대부분 되찾았지요.
훗날 발해는 크게 발전해 바다 동쪽의 강한 나라라는 뜻의 '해동성국'이라고 불렸어요.

17 귀주 대첩을 승리로 이끈
강감찬

시대	고려
출생-사망	948년~1031년
직업	문신, 장군

강감찬이 귀주에서 거란군에게 크게 승리한 싸움을 '귀주 대첩'이라고 해요.
몇 차례 일어난 거란과의 전쟁은 고려의 승리로 끝이 났어요.
그 후 고려에는 평화가 찾아왔고, 거란은 더 이상 고려에 쳐들어오지 않았어요.

18 담판으로 거란을 물리친 서희

시대	고려
출생-사망	942년~998년
직업	문신, 외교관

서희는 싸우지 않고 뛰어난 말솜씨로 전쟁에서 승리했어요.
그뿐 아니라 압록강 유역에 있는 6개 지역인 강동 6주까지 얻었지요.
서희의 담판으로 고려는 압록강까지 영토를 넓히게 되었답니다.

19 무신 정변을 일으킨
정중부

시대	고려
출생-사망	1106년~1179년
직업	무신

정중부는 왕과 문신들을 몰아내고 무신들과 나라를 이끌었어요.
이후 무신들은 권력을 휘두르며 나라를 마음대로 다스렸지요.
이때부터 고려는 약 100년 동안 무신의 세상이 되었어요.

20 우리나라 최초로 화약을 발명한
최무선

시대	고려
출생-사망	1325년~1395년
직업	무신, 발명가

　최무선은 '화통도감'이라는 관청에서 화약을 이용한 여러 가지 무기를 만들었어요.
　그리고 왜구가 쳐들어왔을 때 이 무기들로 적의 배들을 모두 불태웠지요.
　왜구는 최무선이라는 이름만 들어도 벌벌 떨 정도였답니다.

21~27 자연을 벗 삼아 사는 죽림칠현

시대	고려
시기	1170년 이후
직업	선비

옛날 중국에 어지러운 정치를 떠나 자연을 벗 삼은 일곱 선비가 있었어. 선비들은 대나무 숲에 모여서 '죽림칠현'이라고 불렀어.

고려가 무신의 세상이 되자 선비들은 높은 벼슬에 오르기 어려웠어.

학문을 해서 뭐 해? 지금은 무신의 세상인데!

휴!

고려에 살았던 일곱 선비도 중국의 죽림칠현과 비슷하게 지냈어. 바로 이인로, 오세재, 임춘, 조통, 황보항, 함순, 이담지야.

우리는 고려의 죽림칠현!

무신들이 힘으로 나라를 다스리자 문신들은 높은 벼슬에 오르기 힘들었어요.
그래서 고려의 일곱 선비는 자연에서 글을 쓰고 우정을 나누며 지냈어요.
그중 이인로와 임춘 등은 여러 책을 남겨 고려의 문학을 발전시켰어요.

28 <삼국사기>를 쓴 김부식

시대	고려
출생–사망	1075년~1151년
직업	문신, 학자

〈삼국사기〉는 고려 시대에 만들어진 삼국 시대의 역사책이에요.

김부식은 인종의 명령에 따라 삼국의 자료를 조사하고 연구해 〈삼국사기〉를 완성했어요.

〈삼국사기〉는 현재 우리나라에 남아 있는 가장 오래된 역사책이랍니다.

29 불교를 개혁한 지눌

시대	고려
출생-사망	1158년~1210년
직업	승려

30 불교를 하나로 모은 의천

시대	고려
출생-사망	1055년~1101년
직업	승려

대마도를 정벌한 이종무

시대	고려~조선
출생-사망	1360년~1425년
직업	장군

왜구는 대마도를 근거지로 우리나라에 자주 쳐들어왔어요.
이종무는 세종 때 대마도를 정벌해 왜구에게 큰 타격을 주었어요.
이종무의 노력으로 백성들을 괴롭히던 왜구의 노략질은 크게 줄어들었답니다.

32 고려에 충성을 바친 정몽주

시대	고려
출생-사망	1337년~1392년
직업	문신, 학자

이방원의 〈하여가〉에는 새 나라에서 사이좋게 지내자는 뜻이 담겨 있어요.
정몽주의 〈단심가〉에는 고려를 향한 변하지 않는 마음이 담겨 있지요.
결국 정몽주는 이방원이 보낸 부하에 의해 선죽교에서 목숨을 잃고 말았어요.

33 목화씨를 가져온 문익점

시대	고려
출생-사망	1329년~1398년
직업	문신

문익점은 원나라에서 가져온 목화씨를 정성껏 키웠어요.

그리고 가족들과 목화로 실을 뽑고 옷감 짜는 방법을 연구했지요.

문익점의 노력으로 고려 사람들은 목화로 옷을 지어 입고, 솜옷과 솜이불로 겨울을 따뜻하게 보내게 되었어요.

최충은 9재 학당을 세워 많은 학생들을 가르쳤어요.

그래서 학문이 뛰어나고 제자들을 길러 낸 최충을 '해동공자'라고 불렀어요.

최충이 세운 9재 학당과 이후 생긴 학교들 덕분에 고려에 유학이 널리 퍼지게 되었어요.

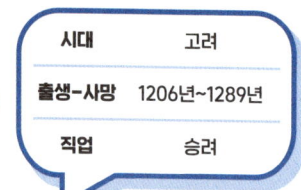

일연은 〈삼국유사〉에 단군 신화와 고조선의 역사를 처음으로 기록했어요.

그리고 〈삼국사기〉에 없는 신화와 전설, 노래 등을 풍부하게 실었어요.

고려 시대에 만들어진 〈삼국사기〉와 〈삼국유사〉 모두 우리 역사를 알 수 있는 귀중한 자료랍니다.

3절에 나온 위인들

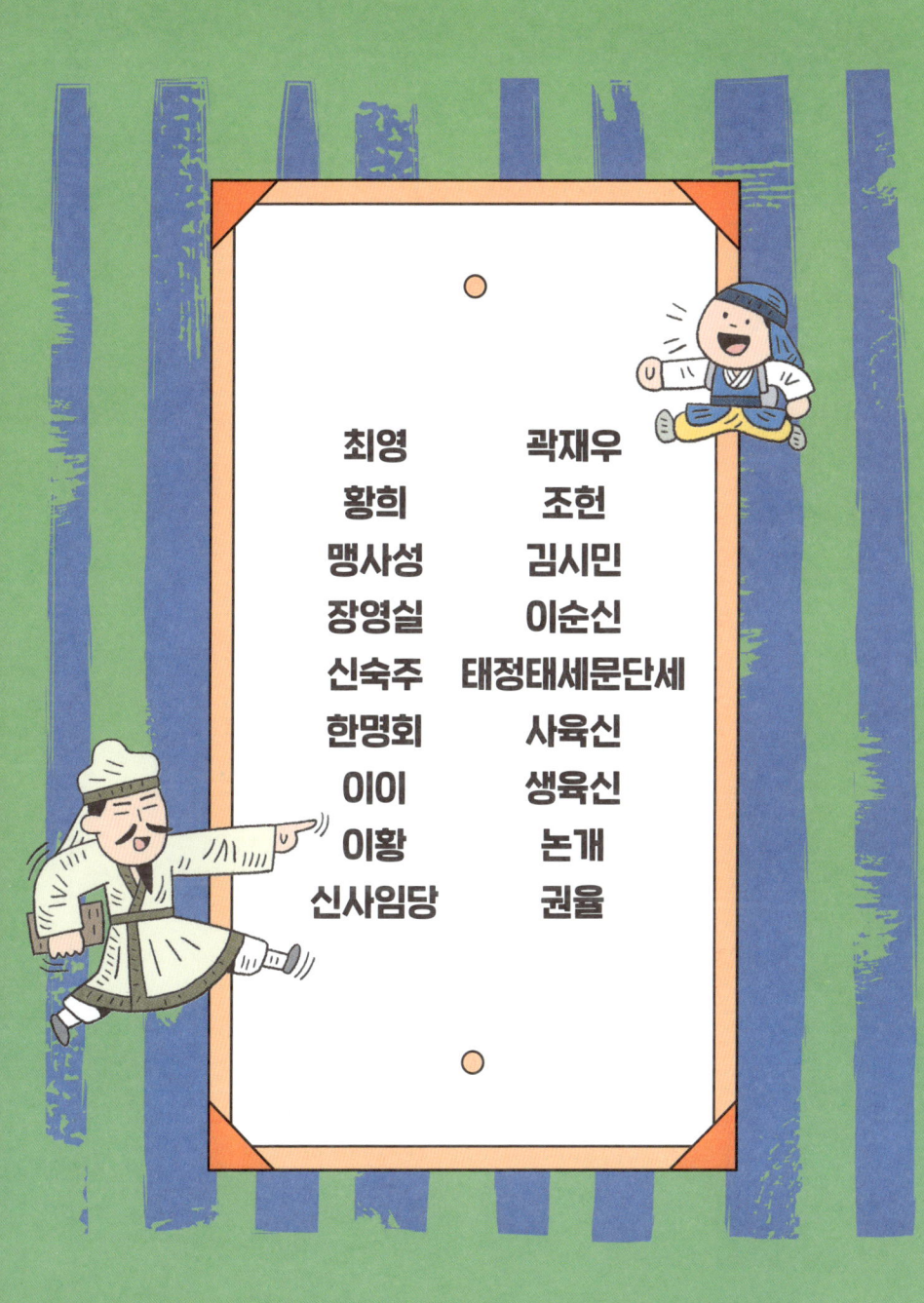

36 고려를 지키려고 한 최영

시대	고려
출생-사망	1316년~1388년
직업	장군

고려 말 북쪽에서는 홍건적이, 남쪽에서는 왜구가 침입해 백성들을 괴롭혔어.

우리는 빨간 수건을 쓴 도적!
우리는 일본의 해적!
둘 다 싫어!
아이고~
못 살겠네.

최영은 전쟁에 나가 홍건적과 왜구를 물리쳐서 높은 자리에 올랐어.

공격하라!

그러면서도 욕심 없고 정직하게 살아서

'황금을 보기를 돌같이 하라.'는 아버지의 말씀을 잊지 말자.

백성들에게 많은 존경을 받았어.

정말 대단해!
최영 장군님, 멋져요.

최영은 수많은 전쟁을 치르며 홍건적과 왜구를 물리쳤어요.
고려를 끝까지 지키려고 했지만 결국 최영은 죽음을 맞았어요.
최영이 죽은 뒤 이성계는 새로운 나라를 세우기로 마음먹었어요.

37 높은 벼슬을 지낸 황희

시대	조선
출생-사망	1363년~1452년
직업	문신

38 청백리의 상징 맹사성

시대	조선
출생-사망	1360년~1438년
직업	문신

39 조선 최고의 발명왕
장영실

시대	조선
출생-사망	?~?
직업	과학자

조선에는 엄격한 신분 제도가 있었어. 장영실은 그중 가장 낮은 노비 신분이었어.

그런데 워낙 손재주가 좋아 소문이 자자했어.

세종은 소문을 듣고 장영실을 궁궐로 불러들였어.

그뿐 아니라 더 많이 공부하라고 명나라로 유학을 보내 주었어.

    장영실은 노비 신분이었지만 어려서부터 손재주가 뛰어났어요.
    세종은 그런 장영실의 능력을 알아보고 벼슬을 내려 주었어요.
    장영실은 세종의 지원 아래 많은 과학 기구를 발명해 조선의 과학을 크게 발전시켰어요.

40 세조를 도운 신숙주

시대	조선
출생-사망	1417년~1475년
직업	문신

41 세조를 왕으로 만든 한명회

시대	조선
출생-사망	1415년~1487년
직업	문신

어린 단종이 왕이 되자, 수양 대군은 호시탐탐 왕의 자리를 노렸어.

조선을 이끌 강력한 왕은 대군뿐입니다. 제가 돕겠습니다.

한명회는 권력을 얻기 위해 단종의 왕위를 빼앗는 난을 계획했어.

수양 대군을 왕으로 만들 사람, 여기 모여라!

결국 난은 성공했고, 수양 대군은 왕위를 차지했어.

왕위 내놔!

한명회는 그 공으로 높은 벼슬에 오르고 많은 재산을 얻었어. 그리고 딸들을 세조의 아들인 예종과 손자인 성종과 결혼시켰어.

큰 권력을 가졌으니 왕이 부럽지 않아.

42 군사들을 기르자고 한 이이

시대	조선
출생-사망	1536년~1584년
직업	문신, 학자

율곡 이이는 조선을 대표하는 성리학자 중 한 명이에요.

이이는 학문에도 뛰어났지만 백성들을 위한 정치에도 관심을 기울였어요.

그래서 선조에게 바른말을 하며 정치, 경제, 국방, 교육 등 여러 가지 개혁을 주장했어요.

43 조선의 뛰어난 성리학자
이황

시대	조선
출생-사망	1501년~1570년
직업	문신, 학자

퇴계 이황은 조선을 대표하는 성리학자 중 한 명이에요.

이황은 제자들을 기르기 위해 도산 서당을 지었는데, 이곳은 나중에 도산 서원이 되었어요.

훗날 이황의 학문은 이웃 나라인 중국과 일본에 큰 영향을 주었답니다.

44 풀과 곤충을 잘 그린
신사임당

시대	조선
출생-사망	1504년~1551년
직업	예술가

신사임당은 어려서부터 글공부를 좋아하고 똑똑했어.

"우리 딸 글공부도 하고 그림도 그려. 하고 싶은 거 다 해."

특히 그림에 뛰어난 재능이 있었어.

"이게 어린아이가 그린 그림이라고?"

신사임당은 결혼하여 자기가 살던 오죽헌에서 자녀들을 낳았어. 그중 이이는 조선을 대표하는 성리학자야.

자녀들을 모두 훌륭하게 키워 내서, 신사임당은 어질고 현명한 어머니로 불려.

"어머니를 닮아 우리도 재능이 많아."

  신사임당은 산수화(자연을 그린 그림), 화조화(꽃과 새 그림), 초충도(풀과 곤충 그림) 등을 모두 잘 그렸어요.

  특히 신사임당의 초충도는 풀, 곤충, 채소, 과일, 꽃 등을 섬세하게 표현했어요.

  뛰어난 예술가 신사임당과 아들 이이 모두 우리나라 지폐에 그려져 있답니다.

45 가장 먼저 의병을 일으킨 곽재우

시대	조선
출생-사망	1552년~1617년
직업	의병장

47 진주 대첩을 승리로 이끈 김시민

시대	조선
출생-사망	1554년~1592년
직업	장군

임진왜란이 일어나자 김시민은 왜군에 맞서 진주성을 지켰어요.
이 싸움을 임진왜란 3대 대첩 중 하나인 '진주 대첩'이라고 해요.
하지만 안타깝게도 김시민은 마지막 싸움에서 적이 쏜 총에 맞아 목숨을 잃고 말았어요.

48 조선을 구한 영웅 이순신

시대	조선
출생-사망	1545년~1598년
직업	장군

이순신은 수군을 지휘하는 전라 좌수사가 되자마자 전쟁을 준비했어.

군사들을 훈련시키고 거북선을 만들어라!

그리고 얼마 후 임진왜란이 일어났어. 이순신은 옥포 앞바다로 나가 첫 승리를 거두었어.

꼬과꽝

그 후 이순신은 바다에 나갈 때마다 모든 싸움을 승리로 이끌었어.

마치 학이 날개를 펼친 듯 적을 둘러싸는 학익진 전법이다! 어디 맛 좀 봐라!

슬퍼하던 백성들은 이순신의 승리 소식에 전쟁에서 이길 수 있다는 희망을 갖게 되었어.

이순신 장군님이 또 승리했대!

이순신 장군님이 조선을 구했어!

 이순신은 거북선과 뛰어난 전법으로 한산도 대첩, 명량 대첩, 노량 해전 등에서 크게 승리했어요.
 모든 바다 싸움에서 승리해 왜군을 벌벌 떨게 만들었지요.
 하지만 마지막 노량 해전에서 적이 쏜 총에 맞아 숨을 거두고 말았어요.

이성계는 고려를 무너뜨리고 새 나라 조선을 세웠어요.

1392년부터 1910년까지 약 500년 동안 27명의 왕이 조선을 다스렸지요.

그중 '태정태세문단세'는 1대부터 7대까지 일곱 왕의 앞 글자를 따서 부르는 말이랍니다.

단종에 대한 의리를 지킨 생육신

시대	조선
시기	1455년 이후
직업	학자, 문신

68 의로운 죽음을 선택한
논개

시대	조선
출생-사망	1574년~1593년
직업	의인

진주성을 빼앗긴 후 논개는 나라를 위해 왜군 장수를 죽이기로 결심했어요. 그러고는 아름다운 기생으로 분장해 왜군 장수와 함께 죽었어요.

사람들은 논개의 의로움을 기리며 논개가 뛰어내린 바위를 '의암'이라고 불렀어요.

69 행주 대첩을 승리로 이끈 권율

시대	조선
출생-사망	1537년~1599년
직업	장군

권율은 왜군에게 빼앗긴 한양을 되찾기 위해 한양과 가까운 행주산성으로 갔어.

행주산성

반드시 승리해서 한양을 되찾자.

3만이나 되는 왜군은 행주산성을 공격했어.

비록 왜군의 수가 많지만 우리에겐 화약 무기가 있어.

싸움이 시작되자 권율은 명령을 내렸어. 화차(화약 무기를 실은 수레) 공격에 왜군은 그대로 쓰러졌지.

화살과 쇠구슬을 쏴라!

피융 피융 으악!

하지만 왜군의 수가 너무 많고 화살마저 떨어지고 말았어.

장군님, 화살이 다 떨어졌습니다.

아! 이럴 수가…….

행주산성에서 권율과 군사들, 백성들은 힘을 합쳐 왜군을 크게 물리쳤어요.
이 싸움을 임진왜란 3대 대첩 중 하나인 '행주 대첩'이라고 해요.
권율의 뛰어난 전략, 화약 무기, 행주치마에 돌을 나른 용기 덕분에 싸움에서 승리할 수 있었어요.

4절에 나온 위인들

70 동에 번쩍 서에 번쩍
홍길동

시대	조선
출생-사망	1443년~?
직업	도적

소설 〈홍길동전〉에 나오는 홍길동은 어머니의 신분이 낮아 벼슬에 나갈 수 없었어요.

그래서 도적이 되어 나쁜 관리들의 재물을 빼앗아 백성들에게 나누어 주었지요.

홍길동은 나중에 율도국이라는 나라의 왕이 되었어요.

71 의적으로 불린 임꺽정

시대	조선
출생-사망	?~1562년
직업	도적

임꺽정은 백정 신분으로 갈대로 바구니 만드는 일을 했어요.
탐관오리가 자기 욕심만 채우자 백성들은 어쩔 수 없이 도적이 되었어요.
그래서 임꺽정은 탐관오리의 재물을 빼앗아 가난한 백성들에게 나누어 주었고 '의적'이라고 불렸어요.

청나라에 항복을 반대한 삼학사

시대	조선
시기	1636년~1637년
직업	학자

　홍익한, 윤집, 오달제는 청나라에 항복을 반대하며 청나라와 싸우자고 주장했어요.

　삼학사는 청나라에 끌려간 뒤에도 끝까지 뜻을 굽히지 않았어요.

　이들은 절개를 지켜서 그 후 많은 사람들에게 존경을 받았어요.

75 백성들을 살핀 박문수

시대	조선
출생-사망	1691년~1756년
직업	문신, 어사

박문수는 자신의 곡식까지 나누어 줄 정도로 백성들을 아꼈어요.

어사로 활동하며 나쁜 관리들을 엄하게 다스리고 백성들의 고통을 줄여 주었지요.

또한 왕에게도 바른말을 하며 영조를 도와 많은 일을 했답니다.

76. 글씨를 잘 쓴 한석봉

시대	조선
출생-사망	1543년~1605년
직업	서예가

한석봉은 어머니의 가르침을 깨닫고 돌아가서 열심히 공부했어요.
그리고 벼슬길에 올라 국가의 중요한 문서와 외교 문서를 쓰는 일을 했어요.
한석봉은 자신만의 독특한 글씨체로 유명한 명필(글씨를 잘 쓰는 사람)이 되었답니다.

풍속화를 그린 김홍도

시대	조선
출생-사망	1745년~?
직업	화가

 김홍도는 서민들을 주인공으로 해서 생활 모습을 재미있고 생생하게 표현했어요.
 이 풍속화들은 조선 후기 사람들의 생활 모습을 알 수 있는 귀중한 자료예요.
 그래서 김홍도는 신윤복과 함께 조선 후기를 대표하는 풍속화가로 꼽혀요.

78 전국을 떠돌아다닌 김삿갓

시대	조선
출생-사망	1807년~1863년
직업	시인

　김삿갓은 죄인의 손자인 것도, 할아버지를 욕해서 과거에 합격한 것도 모두 괴로웠어요.
　그래서 그때부터 삿갓을 쓰고 전국을 떠돌아다니며 시를 썼어요.
　사람들은 이리저리 떠돌아다니는 김삿갓을 '방랑 시인'이라고 불렀어요.

79 <대동여지도>를 만든
김정호

시대	조선
출생-사망	?~1866년
직업	지리학자

〈대동여지도〉는 모두 펼치면 가로 약 4m, 세로 약 7m 크기예요.
지도에는 산맥, 하천, 도로 등이 자세하게 표시되어 있어요.
그래서 오늘날의 지도와 거의 일치할 만큼 매우 정확하고 뛰어나답니다.

80. 백성들을 사랑한 영조

시대	조선
출생-사망	1694년~1776년
직업	왕

영조는 탕평책을 펼쳐 붕당 싸움을 없애려고 노력했어요.

또 세금을 줄이고 끔찍한 형벌을 없애고 신문고를 설치하는 등 백성들을 위한 정치를 했지요.

영조의 노력으로 나라가 안정되고 조선 후기의 문화가 발전했어요.

81 규장각을 만든 정조

시대	조선
출생-사망	1752년~1800년
직업	왕

정조는 왕이 되자마자 규장각을 만들고 능력 있는 사람들을 뽑았어요.
이곳에서 자신의 개혁 정치를 뒷받침할 신하들을 키웠지요.
그리고 새로운 도시 수원 화성을 건설해 조선을 새롭게 바꾸려고 했어요.

82 실학을 연구한 정약용

시대	조선
출생-사망	1762년~1836년
직업	문신, 실학자

　실학은 백성들의 실제 생활에 도움이 되는 학문이에요.

　정약용은 실학을 연구하면서 거중기 같은 기구들을 만들었어요.

　그리고 힘든 유배 생활을 하면서도 부지런히 책을 써서 500권이 넘는 책을 남겼답니다.

83 동학 농민 운동을 이끈 전봉준

시대	조선
출생-사망	1855년~1895년
직업	동학 지도자

 동학 농민군은 열심히 싸웠지만 끝내 지고 전봉준은 붙잡히고 말았어요.
 '새야 새야 파랑새야 녹두밭에 앉지 마라. 녹두꽃이 떨어지면 청포 장수 울고 간다.'
 사람들은 전봉준과 동학 농민군을 생각하면서 이 노래를 불렀어요.

84 우리나라 최초의 신부
김대건

시대	조선
출생-사망	1821년~1846년
직업	신부

천주교가 퍼지자 나라에서는 천주교를 믿는 것을 금지했어요.
이런 위험한 상황에서 김대건은 우리나라 최초의 신부가 되었어요.
김대건은 백성들에게 천주교를 전했고 자신의 신앙을 위해 목숨을 바쳤어요.

85. 시와 노래에 뛰어났던 황진이

시대	조선
출생-사망	?~?
직업	기생

황진이는 글, 그림, 노래, 춤 모두를 잘한 조선의 예술가예요.

그래서 서경덕, 박연 폭포와 함께 송도삼절(송도의 세 가지 유명한 것)로 불렸어요.

황진이가 지은 글은 오늘날에도 많은 사람들에게 읽히고 있답니다.

86. 차별 없는 세상을 꿈꾼 홍경래

시대	조선
출생-사망	1771년~1812년
직업	반란 지도자

조선 후기에는 권력을 잡은 가문이 나라를 제멋대로 다스리고, 나쁜 관리들이 세금을 마구 거두었어. 백성들은 정말 살기 힘들었지.

"돈을 더 걷어서 높은 벼슬을 사면 되겠군."

게다가 나라에서는 평안도 출신 사람들을 차별했어. 그래서 평안도 사람들은 능력이 있어도 높은 관리가 될 수 없었어.

"평안도에서 태어난 게 죄야?"

홍경래도 평안도 사람이라는 이유로 과거 시험에서 번번이 떨어졌어.

"휴! 또 떨어졌네."

결국 홍경래는 세상을 바꾸기 위해 10년 동안 반란을 준비했어. 그리고 마침내 반란을 일으켰어.

"못 살겠다! 우리가 세상을 바꾸자!"

조선 후기에 세도 정치로 나라는 엉망이 되고 백성들은 살기 힘들었어요.
결국 차별받던 홍경래와 백성들은 세상을 바꾸기 위해 들고일어났어요.
비록 홍경래의 난은 실패했지만, 백성들은 스스로 세상을 바꿀 수 있다는 희망을 품게 되었어요.

87 갑신정변을 일으킨 김옥균

시대	조선
출생-사망	1851년~1894년
직업	정치인

김옥균은 서양의 문물을 받아들여 조선을 잘사는 나라로 만들고 싶었어요.
그래서 급진 개화파와 함께 갑신정변을 일으켰지만 실패로 끝났지요.
갑신정변은 3일 만에 실패로 끝나 '삼일천하'라고 부른답니다.

88 나라를 위해 목숨을 바친 안중근

시대	조선~대한 제국
출생-사망	1879년~1910년
직업	독립운동가, 의병장

89. 나라를 팔아먹은 이완용

시대	조선~일제 강점기
출생-사망	1858년~1926년
직업	정치인

일본은 대한 제국의 외교권을 빼앗기 위해 조약을 맺으려고 했어. 고종은 조약에 반대했지.

"대한 제국은 일본의 보호를 받아야 합니다. 앞으로 일본 허락 없이는 외국과 얘기하면 안 되고……."

"거부하오."

그러자 이완용이 나서서 일본 편을 들었어. 옆에 있던 대신들도 조약에 찬성했어.

"이제 일본은 강한 나라입니다. 그러니 조약을 맺는 게 이롭지 않겠습니까?"

"맞소!" "찬성!"

결국 일본은 찬성한 대신들을 앞세워, 고종 없이 억지로 조약을 맺었어. 이게 바로 을사늑약이야.

축 을사늑약 체결

"이 조약은 무효야!"

그래서 이들을 나라를 팔아먹은 다섯 명의 도적이라는 뜻으로 '을사오적'이라고 불렀어.

"부와 권력을 누리면서 편하게 사는 게 뭐 어때?"

"친일파!" "나라 팔아먹은 놈!"

5절에 나온 위인들

윤동주는 나라를 빼앗긴 슬픔과 독립에 대한 희망을 시로 썼어요.

대표적인 작품으로는 〈서시〉, 〈또 다른 고향〉, 〈별 헤는 밤〉, 〈쉽게 쓰여진 시〉 등이 있어요.

윤동주의 시는 매우 아름다워 지금도 사람들에게 큰 사랑을 받고 있어요.

91 우리나라 최초로 종두법을 실시한 지석영

시대	조선~일제 강점기
출생-사망	1855년~1935년
직업	의사, 국어학자

지석영은 서양 의학에 관심이 많았어. 특히 영국의 제너가 쓴 종두법에 관한 책을 읽고 종두법에 대해 알게 되었어.

이런 방법이 있다니 놀랍군.

종두법은 천연두를 예방하기 위해 소에서 뽑은 면역 물질을 사람에게 접종하는 방법이야. 당시에는 천연두에 걸리면 목숨을 잃거나 얼굴에 흉터가 생겼어.

세상에!

때마침 지석영은 일본 의사가 쓴 종두법 책을 읽게 되었어.

종두법을 배우면 많은 사람들을 살릴 수 있을 텐데…….

그 후 지석영은 부산에 있는 일본 병원을 찾아갔어. 그곳에서 두 달 동안 열심히 공부해 종두법을 완전히 배웠지.

종두법을 배우고 싶습니다.

예?

천연두는 한번 걸리면 마을 전체가 목숨을 잃을 정도로 무서운 전염병이었어요.
지석영은 종두법을 널리 알려서 많은 사람들을 천연두로부터 구해 냈어요.
한편 지석영은 한글 쓰기를 주장하며 한글 연구에 힘을 쏟기도 했어요.

손병희는 천도교를 이끌며 독립을 위해 많은 노력을 했어요.
특히 민족을 대표하는 33명을 모아 독립 선언문을 낭독했어요.
이후 3·1 운동은 전국으로 퍼져 나갔고 많은 사람들이 참여하게 되었어요.

93 만세 운동을 이끈 유관순

시대	대한 제국~일제 강점기
출생-사망	1902년~1920년
직업	독립운동가

유관순은 이화 학당에 다니고 있었어. 만세 운동이 계속되자 일본은 모든 학교를 강제로 닫아 버렸어.

"이러면 학생들이 만세 운동을 못 하겠지."

유관순은 고향인 천안으로 내려가 사람들에게 3·1 운동 소식을 알렸어.

"우리도 나라를 되찾기 위해 뭔가 해야 해요!"

"그러자꾸나."

그런 다음 만세 운동을 계획하며 밤새 태극기를 만들었어.

날이 밝자 유관순과 학생들은 아우내 장터에 모인 사람들에게 태극기를 나누어 주었어.

"여러분, 함께 만세 운동을 해요!"

유관순은 어린 나이에도 불구하고 독립을 위해 목숨을 바쳤어요.
그러다 일본의 모진 고문으로 18세의 꽃다운 나이에 세상을 떠나고 말았지요.
지금도 사람들은 나라를 위해 용기 있게 싸운 유관순 열사를 기리고 있어요.

94. 민족을 위해 평생을 바친 안창호

시대	조선~일제 강점기
출생-사망	1878년~1938년
직업	독립운동가, 교육자

도산 안창호는 국내외를 오가며 다양한 독립운동을 했어요.
특히 우리 민족을 하나로 모으기 위해 평생을 바쳤지요.
안창호는 중국 상하이에서 대한민국 임시 정부를 세우는 데도 큰 역할을 했답니다.

95 어린이날을 만든 방정환

시대	대한 제국~일제 강점기
출생-사망	1899년~1931년
직업	아동 문학가

당시에는 어린이들이 대접받지 못하고 가난과 배고픔에 시달렸어요.
방정환은 어린이를 나라의 미래로 보고 평생을 어린이를 위해 살았어요.
어린이날은 처음에 5월 1일이었다가 나중에 5월 5일로 바뀌었어요.

이수일과 심순애는 위인은 아니고 〈장한몽〉이라는 소설의 주인공이에요.
〈장한몽〉은 일본 소설을 우리나라에 맞게 바꿔 쓴 이야기예요.
이수일과 심순애의 사랑 이야기는 큰 인기를 끌어 연극과 영화로도 만들어졌어요.

98 장군의 아들로 불린 김두한

시대	일제 강점기~대한민국
출생-사망	1918년~1972년
직업	정치인

김두한은 독립운동가 김좌진 장군의 아들이야. 그래서 '장군의 아들'이라고 불렸어.

"우리 아빠 멋져."

일제 강점기에 김두한은 서울 종로에서 주먹을 휘두르며 싸움을 일삼았어.

"조선 최고의 주먹맛이 어떠냐?"

으쌱

그렇지만 늘 아버지를 떠올리며 장군의 아들이라는 것을 자랑스러워했어.

아버지…

그래서 김두한은 일본 깡패를 혼내 주고 조선 사람들을 보호해 주기도 했어.

"조선 사람들을 괴롭히면 가만두지 않겠다!"

"김두한이다! 걸음아 날 살려라!"

우다다다

　김두한은 청산리 대첩에서 일본군을 크게 무찌른 김좌진 장군의 아들로 알려졌어요.
　젊은 시절에는 조직폭력배의 우두머리였다가 이후에는 정치인으로 활동했지요.
　주먹의 힘으로 의로운 행동을 해서 사람들에게 여러 가지 평가를 받아요.

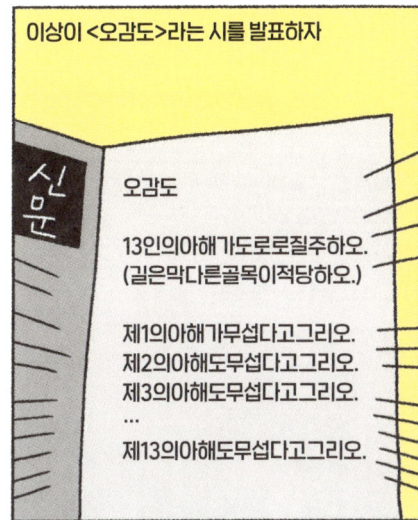

이상은 병으로 세상을 일찍 떠나고 말았어요.
이상이 살아 있는 동안에는 작품이 너무 어려워서 사람들이 이해하지 못했어요.
하지만 오늘날에는 새롭고 실험적인 작품을 쓴 천재 작가로 인정받고 있어요.

황소 그림을 그린
이중섭

시대	일제 강점기~대한민국
출생-사망	1916년~1956년
직업	화가

이중섭은 소를 좋아해서 소 그림을 많이 그렸어요.
대표적인 작품으로는 〈흰 소〉, 〈황소〉 등이 있지요.
이중섭은 외롭고 힘든 삶을 살았지만 그가 남긴 그림들은 사람들에게 용기와 행복을 주어요.

대림아이
첫술에 배부른 역사 시리즈 03

초판 1쇄 인쇄 2025년 9월 10일
초판 1쇄 발행 2025년 9월 15일

글 문연정
그림 이창우
사진 제공 국립중앙박물관

펴낸곳 대림출판미디어
펴낸이 유영일
디자인 난나
마케팅 신진섭
등록 제2021-000005호
주소 서울시 영등포구 대림로34다길 16, 다청림 101동 301호
전화 02-843-9465
팩스 02-6455-9495
E-mail yyi73@naver.com
Tistory https://dae9495.tistory.com

ISBN 979-11-92813-31-8
        979-11-92813-15-8 (세트)

※ 한국음악저작권협회 'KOMCA 승인필'
※ 값은 뒤표지에 있습니다. 잘못된 책은 바꾸어 드립니다.